游游游漂流

中学生防溺水警示手账

主　　编　郑中原　刘　源

医学顾问　李铭鑫

人民交通出版社股份有限公司
China Communications Press Co.,Ltd.

图书在版编目（CIP）数据

游游游漂流：中学生防溺水警示手账 / 郑中原，刘源主编 . — 北京：人民交通出版社股份有限公司，2019.7

ISBN 978-7-114-15736-3

Ⅰ . ①游… Ⅱ . ①郑… ②刘… Ⅲ . ①淹溺－安全教育－中学－教学参考资料 Ⅳ . ① G634.203

中国版本图书馆 CIP 数据核字（2019）第 150097 号

You You You Piaoliu——Zhongxuesheng Fangnishui Jingshi Shouzhang

书　　名：	游游游漂流——中学生防溺水警示手账
著 作 者：	郑中原　刘源
责任编辑：	郭红蕊　张征宇
责任校对：	张　贺　龙雪
责任印制：	张　凯
出版发行：	人民交通出版社股份有限公司
地　　址：	（100011）北京市朝阳区安定门外外馆斜街 3 号
网　　址：	http://www.ccpress.com.cn
销售电话：	（010）59757973
总 经 销：	人民交通出版社股份有限公司发行部
印　　刷：	北京盛通印刷股份有限公司
开　　本：	720×980　1/16
印　　张：	3.5
字　　数：	30 千
版　　次：	2019 年 7 月　第 1 版
印　　次：	2019 年 7 月　第 1 次印刷
书　　号：	ISBN 978-7-114-15736-3
定　　价：	35.00 元

致家长和学校的一封信

亲爱的学生家长、老师们：

你们好！

据统计，在我国中小学生非正常死亡事件中，溺水的比例常年高居第一：接近一半的中小学生非正常死亡是由溺水引发的！在某些地区、某些时段，例如野外水系密布地区的暑假期间，这一比例甚至更高，远超出交通事故造成的死亡比例！

呵护孩子的成长，守护孩子的平安，是家长、学校共同的责任！为了不让孩子的青春年华戛然而止，为了不让类似的悲剧一再发生，家长、学校需要共同重视，并且联手行动，为孩子们指引一条平安之路。

首先，家长们要充分认识到"涉水危险无处不在"这一现实情况，要充分认识到"涉水危险"对学生安全造成的极大危害，切实尽到监护责任，让家庭成为孩子防溺水安全教育的主阵地之一。不要让学校教育鞭长莫及的区域成为学生涉水安全的"真空地带"。

其次，学校也要充分意识到涉水安全教育的极端重要性，通过提高频次进行有针对性的教育，加大力度、常抓不懈，强化学生对防溺水等安全知识的了解和记忆。要知道，只注重文化课学习而忽视了人身安全，也是"高分低能"的一种表现。

我们编写此书的目的，就是殷切希望家长、学校、学生能够"三方齐努力"，进而达到"安全常相伴"！

如果您已仔细阅读并认可上述内容，就请在下面郑重地签字吧！

学校：————

家长：————

学生：————

目录

同学们，大家好！我是酷爱旅行和运动的阳光少女——文小文。旅行，让我开阔眼界、放松身心；运动，让我强身健体、磨炼意志。这个假期，我就享受了一次说漂就漂的水路旅行！

旅行手账

为了旅程能够更加安全、顺利，我特地准备了一本《旅行手账》，一路上记录下了很多宝贵的水上交通和涉水安全知识！

在这次奇妙的旅程中，我经历了不少有趣的故事，也遭遇了一些意料之外的险情，这使我对涉水安全知识有了更全面的了解和更深刻的认识。旅行结束后，我决定把这份手账当作最宝贵的经验分享给大家。请大家一起来见证我的奇妙旅途吧！

第1记 说漂就漂

旅行计划

这个假期，我要来一次说漂就漂的旅行！为什么叫作"说漂就漂"呢？

📍 因为我的旅程路线规划非常特别哦！从家门口的小河开始，沿水路进发，直到抵达宽广无垠的大海！怎么样？我的计划非常吸引人吧！

小贴士

为了这次旅行，我做了很多准备，除了必备的衣物、洗漱用品之外，还带了一些常用药品，例如晕船药、感冒药、肠胃药等。

✅ 衣物　　✅ 药品

✅ 洗漱用品

安全警钟

出发前，老师和家长一再强调"安全第一"，我可不能把这话当作耳旁风！因为我知道，水上交通工具出现过的事故真是不胜枚举。

稍微久远一些的例子，我们可以举"泰坦尼克"号沉船事故：

1912年4月10日，号称"永不沉没"的巨轮"泰坦尼克"号首航。在航行的第四天，就与冰山相撞并于次日凌晨沉没，造成1500多人死亡，成为20世纪世界上最严重的海难之一！

当然，也有离我们比较近的例子，例如韩国"岁月"号沉船事故：

2014年4月16日，韩国"岁月"号客轮在航行中发生浸水事故并最终沉没，酿成295人遇难、9人失踪的惨剧，而其中大部分是韩国一所高中的学生！

所以，为了安全起见，我们首先要从自己做起，遵守安全规章：乘坐公共交通工具时，禁止携带易燃（酒精、汽油）、易爆（烟花、爆竹）、管制刀具（弹簧刀、匕首）等物品！所以，我们是绝不会把这类东西带上船的！只有牢固树立安全意识，才能拥有愉快的旅程。

第2记 码头登船

水边等待

出发喽！首先，我先从河边的小码头登船。令我感到好奇的是，河边、码头和船上有各种各样的标志牌和警示牌，这些牌子上的图案都是什么含义呢？让我去一探究竟！

手账记录

一般在水域附近或船上会设置不同的标志，提醒大家注意安全。常见的一些警示、提示和安全标志如下：

 消防水泵接合器  注意危险  禁止明火  禁止驶入  发声警报器

 渡口  客渡船标志  禁止游泳  水深危险  消防手动启动器

 紧急出口  击碎面板  疏散通道方向  禁止吸烟  消防水带

除了要留心观察这些标志，我们在乘船时还要做到"**四要看**"：

1 有没有船名

正规船只都会在船体外侧显著位置标明船只名称。不要乘坐没有船名的机动客运船只哦！

2 船舶乘客定额

限乘100人

正规船只都会在船舱口等显著位置标明乘客定额人数。如果船只没有标明乘客定额或船上人数明显过多，就不要登船了！

3 船舶在水面上的高度

正规船只在船体外侧靠近水面的地方，都会标有载重线。如果这条线已经沉到了水面以下，就说明船只已经超载了，不要乘坐！

4 有没有安全设备

中、大型船只必须随船配备救生圈、救生衣、救生艇、灭火器等安全设备，没有这些安全设备的船只不要乘坐！

哦，原来乘坐船只有这么多学问啊！看来一定要乘坐符合以上要求的船只，我们的安全才会更有保障，切记切记！

安全须知

据说船上都配有消防设备和救生设备，我非常好奇：它们都在哪里呢？让我去找找看！

大家看，这些就是船只上主要的消防设备，包括灭火器、沙箱、消防员装备、消防桶、安全头盔、耐火救生绳、太平斧等。

灭火器

沙箱

防护服

太平斧

消防桶

消防胶靴

安全头盔

耐火救生绳

消防腰带

有了这些消防设备的帮助，在船只意外失火的情况下就可以迅速开展灭火和救援了！

再来看这些，它们叫作"救生设备"，包括救生圈、救生衣、救生板等，大型船只还会配有救生筏、救生艇等设备。

救生圈

救生衣

救生板

救生筏

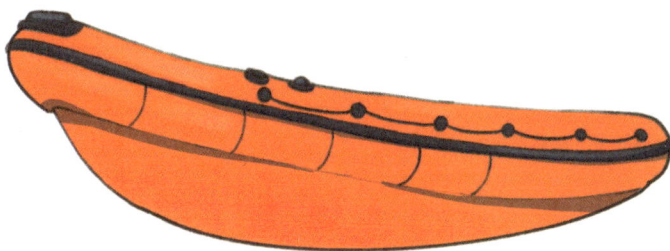

救生艇

我们很想知道，这些救生设备到底该怎么使用呢？

一位帅气的救生员哥哥为我做了示范：

①救生圈

穿

浮

把头、胸、双臂穿过救生圈，并张开双臂把救生圈卡在腋下，借助救生圈的浮力漂浮在水面上。

②救生板

把救生板较长的一根背带绕过头部挎在肩背上，双手穿过板面两条挎带，然后握住救生板另一侧边缘的挎带，这样就可以让自己暂时安全地漂浮在水面上啦。

③救生衣

套　　　　拉　　　　绑

将救生衣套在脖子上，把带有口哨的长方形浮力袋子放置在胸前，双手拉紧前领缚带，并缚好颈带。然后，将缚带向下收紧、向后交叉，再将缚带拉到身前，把缚带穿过扣带环绑紧。这样，我们就可以通过救生衣的浮力漂浮在水面上啦。

救生设备是船只上的必备物品，它能使落水者漂浮在水面上，从而增加获救的概率。所以，我们在乘船前一定要学会正确使用各种救生设备。在我们登船后，也应第一时间了解救生设备的摆放位置以及最合理的逃生路径。

不慎落水

学会了各种救生设备的使用方法，我非常高兴，在船上手舞足蹈起来。正在这时，不小心脚下一滑，从船上跌到了河里！

哎呀，我落水了！虽说我会游泳，但是河里水流飘忽不定，我尝试了几次都没能够到船舷。这时，还是救生员挺身而出，把我从水里救回到船上。我们都长出了一口气：唔，终于安全了！

乘船时千万不要在船上追跑、蹦跳，以免发生意外，失足落水！

如果是在穿好救生衣的情况下落水，那么应该在水中采取上图所示的姿势：双腿并拢，屈向胸前，双臂向胸前环抱，放在救生衣上，这个姿势不但可以借助救生衣的浮力使头部保持在水面以上，还有助于维持体温和节省体力。

如果落水时没有救生设备，又不会游泳，那么要记住：

① 保持冷静，不要惊慌失措，在水中胡乱挣扎只会让自己更快下沉！

② 可以采取仰面漂浮的姿势，即便不会游泳，这一姿势也可以暂时使口鼻保持在水面以上，然后大声呼救！

③ 如果水中有木板、树枝等漂浮物，或者有人朝你扔来救生板、救生圈等，要尽快抓住，利用这些物品的浮力寻求自救。

④ 当救援人员游到你身边施救的时候，千万不要胡乱抓、拉他的肢体或衣物，这样只会给他的救援增加难度，一定要沉着冷静、保持相对稳定的身体姿态（例如前面提到的"仰面漂浮"），有助于你更快地脱离险境。

建议同学们尽早在专业人士指导下学会游泳技能，这样在意外落水时，即便没有救生设备，自救和获救的概率也会高得多！

但是，请大家务必牢记：会游泳不等于会救人！就算是会游泳的人，遇到他人落水，也不要贸然下水救人！因为救援落水者是需要专业技巧的，未经训练的话很可能救人不成、自身遇险！

遇到有人落水的情况时，采取救援是对的，但千万不要鲁莽蛮干。牢记"智慧救援"这一原则真是太重要了！

那什么叫作"智慧救援"呢？它主要包含以下几点：

1 不要和其他伙伴（尤其是不通水性的）一起，试图通过"手拉手组成人链"的方式救助落水者！这种方法非常不安全，不但不能救助落水者，往往还会使更多的人落水！

2 可以呼叫附近的成年人前来救援。

3 可以迅速拨打报警求救电话，寻求专业救援。除了大家熟知的110（匪警）、119（火警）、120（急救）电话之外，我们还应该牢记全国统一水上遇险求救电话——**12395**！

4 可以把救生设备或漂浮物扔向落水者，例如救生圈、木板、装有空塑料瓶的书包等，暂缓落水者在水中的挣扎和下沉。

5 可以尝试用木棍、竹竿、衣物打结等方式增加救援距离，让落水者抓住后，将其拉回岸边。但要注意的是：用这种方式救援时，一定要采取匍匐姿势，不要站立或蹲在岸上救人，一旦落水者用力拉拽，很可能使岸上的施救者重心偏移而落入水中！

惨痛教训

2004年12月17日，陕西省安康市紫阳县发生一起机动渡船沉船事故。该机动渡船年久失修而且严重超载，违规"带病航行"时船舱进水，船体失衡下沉，导致船上共23人落水，其中10名初中生不幸溺水身亡！

2013年5月11日，广东省惠州市博罗县的8名中学生相约到江边烧烤。其间，1名男生不慎跌入江中溺水，另外4名同学尝试手牵手形成"人链"施救，结果也全部坠江溺亡，只有在岸上报警求助的3名同学幸免于难！

第3记 江轮旅程

险情风波

小河汇入了大江，我也换乘了一条更大的江轮，继续旅行。

这艘江轮上的人可真多啊！而且沿江两岸的风景也美丽极了！

我忍不住跨坐在船舷护栏上，迎着微风，欣赏江景，好不惬意！

文小文，可不要跨坐在护栏上啊！乘船时攀越船舷、护栏可是非常危险的！你不会想要再次掉进水里吧！

哎呀，为了贪图一时的兴致，我竟然忽视了安全，真是不应该！

我赶紧离开护栏，回到甲板上。正在这时，船上忽然响起了警报声。不好！原来是船舱失火了！

由于我是未成年人，船长让我优先登上救生艇，把我安全送到江岸边。过了好一阵儿，火终于被扑灭了。

起火原因已经调查清楚了：有人违反"禁止吸烟"的规定，在船上吸烟并且乱扔烟头，造成了火情。

船只发生火灾后，由于内部空间较小，各种物品集中，所以火势发展速度往往特别快，逃生和救援的难度都很大。因此，乘船时，一定要遵守各项安全规章，注意防范火灾。

遇到火情时，需要注意以下几点：

1 当船只发生火灾时，船上工作人员会迅速向全船发出警报。警报方式一般是警铃、汽笛，同时还可能伴有灯光。

2 保持镇定，不要惊慌失措、乱跑乱叫甚至盲目跳水，要听从工作人员和救援人员的指挥，尽快寻找救生设备，并从最近的逃生通道迅速撤离。

3 遇到浓烟时，要弯腰、低头，保持身体的低姿态，同时可以用水打湿毛巾或衣物，掩住口鼻，维持呼吸；遇到炽热高温，则可以用水打湿毯子或棉被，披在身上保护自己。

如果意外事故导致船只受损情况非常严重，需要弃船逃生时：

1 要听从工作人员和救援人员的指挥，不要盲目行动、慌乱拥挤。

2 尽可能穿着保温、保暖效果好以及不易透水的衣物。

3 一定要穿好救生衣。

4 如果时间和条件允许的话，尽可能带上一些淡水和食物。

5 遵照疏散路线行进，牢记指定集合位置。

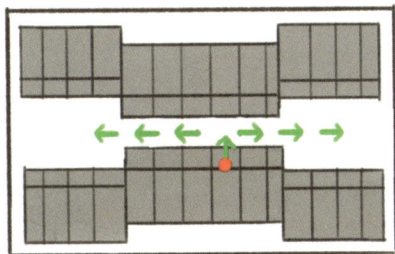

6 需要借助救生艇、救生筏撤离时，要注意有序登船，妇女和儿童优先。

如果遇到极端情况，不得不跳水求生时，我们需要注意：

1 尽量选择靠近水面的位置跳水。

2 跳水时，左手应紧握救生衣并夹紧下拉，同时右手捂住口鼻，防止入水瞬间呛水。入水时，要尽量让身体保持头朝上、脚向下的垂直姿态，双腿要并拢、伸直。

3 跳水前注意观察水面情况，避免撞到水面上的人或物。

4 跳水时，应尽量从两侧船舷跳下。如果船体已严重倾斜，可以从船头或船尾跳下。

5 入水后要迅速远离船体，以免被船只下沉所制造的涡流卷走。

6 借助救生衣或救生圈，尽量在水中保持身体的蜷缩姿态，同时注意不要盲目游动，以减少体能消耗。

7 要想办法发出声响（例如吹救生衣上的哨子）或者摇动色彩醒目的物品，让救援人员更容易发现你。

8 如果是在冬季落水，不要把衣服脱掉，以免冻伤；在不会游泳的情况下，最好不要穿鞋。

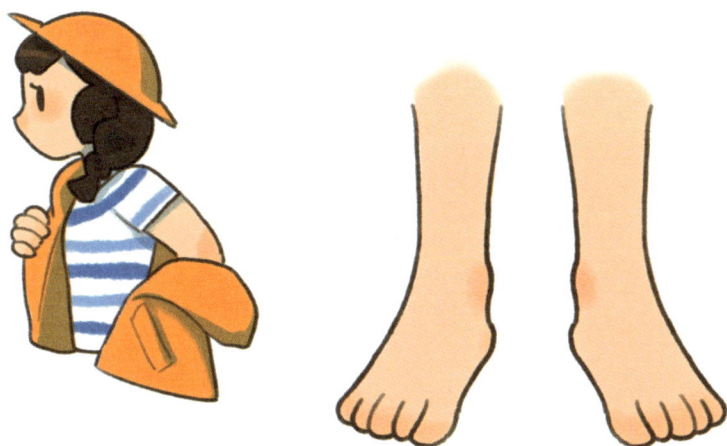

危险地带

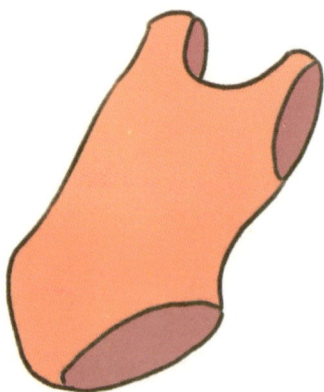

虽然化险为夷，但是船只受损，无法继续前进了，我只能在江岸上等待下一班江轮。等了很久，船也没有来，好无聊啊！这时我有了主意：我带了泳衣，下到江滩里去玩水吧！

这可不行啊！这里是野外江滩，水情不明、暗藏危险，在这里游泳、戏水非常容易发生溺水！咱们可不要冒这个险！

救生员

手账记录

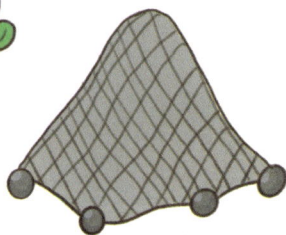

同学们一定要注意啦：江滩、河堤、水库、水闸、鱼塘这类水域是非常危险的，看似平静的水面下，很可能暗流涌动，还有旋涡、水草、渔网、危险生物等一系列隐藏的杀机！凡是在未经开发、非正规的、无人看管的水域附近，同学们都不要逗留玩耍，更不要冒险下水，因为这样做是非常危险的！

禁忌行为

那么，如果是在旱季河道干涸或者冬季河面封冻的情况下，可不可以在河道里或者冰面上逗留、玩耍呢？

不行啊，这样做也是很危险的！

手账记录

暂时干涸的河道，可能会由于上游水利设施泄洪、突降暴雨等原因，猛然涨水，水势汹涌让人猝不及防，极易发生溺水事故！

封冻的冰面同样也不是万无一失的哦。尤其是在初冬和早春时节，冰面薄厚不一、非常脆弱，有人在上面行走、滑冰的时候，冰面很可能开裂、崩塌，使人溺水。而且更重要的一点是：人一旦掉进冰窟窿，很可能由于突然的低温刺激丧失身体机能或者被冰下水流冲走、难以寻找，救援难度会比单纯落水更大，获救的希望也更渺茫！

惨痛教训

2014年10月25日，河南省商丘市柘城县的12名中学生在蒋河水闸附近游泳，其间学生张某突然溺水、挣扎，另外2名同学看到后立即下河营救，但由于水情复杂、经验和体力不足，3人最终全都不幸溺亡！

2010年12月6日，吉林省松原市12名中学生在宁江区镜湖公园的结冰湖面上玩耍，其间突发奇想，打算在湖面没有结冰的地方"捞鱼"，结果其中1名男生不慎掉入冰窟窿，最终溺亡！

第4记 泛舟湖面

优哉游哉

我终于登上另一艘江轮，驶达了下一个目的地：一片开阔的湖面。我下船稍事休息。

湖光山色引人入胜，于是我决定去湖中泛舟。我从湖边正规的游船码头租了一艘划桨小船，开始在湖面上轻松惬意地划船游览。

租船券

四周的景色美极了，我玩得十分开心。看着清澈的湖水，我忍不住把身体探出船外，用手划水玩。

文小文，乘船的时候千万不要把身体探出船外，尤其是在这种小船上。你这样探身玩水，一旦失去平衡就很有可能落水的！

救生员

⭐ **注意!!**

　　乘船游玩时，除了==要到正规场所选择正规船只==外，还要注意：==乘船时身体各部位不要探出船外==，以免发生危险!

⭐ **注意!!**

　　另外还要注意的是：==不要在小型船只上猛烈晃动身体，或者人员集中在船的一侧，使得船只重心偏移==。这两种情况都很可能导致船只倾覆，使人落水、溺水!

欲速不达

我玩得兴起，差点忘了时间。哎呀，太阳都快落山了，我们得赶紧回到江轮上了，明天还要继续向大海航行呢！

于是，我拼命划桨，想让小船尽快回到岸边，但是由于方向和速度控制不好，不但没能快速到达目的地，还险些撞到其他的船……最后还是经验丰富的救生员哥哥帮我把船靠了岸。

⭐ **注意!!**

　　自行驾驶船只时，要注意控制好船只的速度和方向，避免速度过快或方向跑偏，因为一旦驶离正常航线或者撞上其他物体，会造成极大危险！

⭐ **注意!!**

　　湖面上各种船只来来往往，划船游玩时可不能莽撞。因为越是心急，对船的控制可能就越离谱，不但不能顺利返回岸边，还可能发生相撞事故。

划桨船一般都会配备双桨，如果船只没有设计船舵的话，那么两只桨就不要在船身的同一侧划动，否则会造成船只在水中"打转"，再怎么用力划也无法前进。

如果因为某些原因，船上只剩单桨，那么我们就要在划动过程中随时变换左右方向，这样做同样是为了避免船只"打转"。

如果驾驶的是机械船（例如脚踏船）或者机动船（例如蓄电池船），除了控制行船速度以外，还要注意合理使用船舵，以便控制好船的前进方向。

惨痛教训

2010年4月4日，湖南省常德市安乡县5名中学生在县城一处河道内划船，由于对船只的速度和方向控制不当，撞到停靠在旁边的一艘运沙船，其中2名男生被撞击力甩入河中，最终溺亡！

2018年8月1日，5名十几岁的少年在广州市流溪河中游野泳，其中2人在河岸边找到一艘无人看管的小船，想要划船玩耍。另外3人看到后也纷纷跳入水中、扒拉船舷，想要登船玩耍，结果造成船只翻倒，最终5人全部溺亡！

第5记 拥抱大海

游轮戏水

我的旅程来到了最后一站——波澜壮阔的大海！我也终于登上了梦寐以求的豪华游轮，徜徉海上！

这艘豪华游轮不但气派而且设施齐全，船上还有正规的游泳池，真是太好了，终于可以游泳、玩水了！

文小文，如果没有经过正规的训练和指导，千万不要随意尝试跳水和潜水哦，这样做是很危险的！

跳水时，身体会承受来自水面的巨大冲击力，缺乏经验和技巧的话，很容易呛水或者受伤；而且，跳水时如果对水面及水下情况缺乏观察和了解，很容易撞到水中的障碍物或者其他人，造成危险！

如果在游泳时发生过呛水，并且在离开水之后仍然感觉不适的话，一定要及时去医院检查，不要认为离开水中就彻底摆脱了危险。

游泳、戏水之后，如果有任何不适：包括但不限于发烧、胸闷、咳嗽、肢体疼痛、皮肤红肿等，都要及时去医院检查，千万不要心存侥幸。

尤其是发生呛水、溺水之后，更不能掉以轻心，因为呛水、溺水所导致的继发反应可能持续几天甚至一周，即便离开水中，仍然会威胁健康甚至危及生命。

恶劣天气

我在泳池玩得很开心，不过海上的天气突然变了。空中电闪雷鸣，狂风掀起巨浪，我被吓得胆战心惊！船长和救生员赶紧招呼大家暂时回到船舱里。

　　遭遇恶劣天气的时候，大家要离开露天泳池，尽量远离甲板，避免雷电、冰雹带来的人身伤害或者由于狂风、巨浪导致的意外落水！

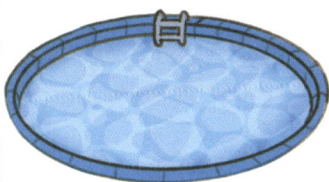

飞驰快艇

过了一段时间，海面终于风平浪静，我乘坐的游轮也在一处港口停泊了下来。

这时，旁边海滨浴场里飞驰的摩托艇立刻吸引了我，我已经迫不及待啦！

原则上，未满16周岁或者未经专业训练的人是不能驾驶摩托艇的。符合条件的驾驶者在驾驶船只时，要注意避开水中的其他船只和人员！

注意!!

而且，无论是驾驶还是乘坐摩托艇、快艇之类的船只，一定要穿好救生衣哦！

注意!!

此外，游人也应注意：不要在摩托艇等船只通行的水域游泳、戏水！以免发生危险。

43

暗藏玄机

体验过飞驰的摩托艇之后，我想要继续在海滨浴场游泳。不过，经历了旅途中的一系列事件，我越发认识到，水上交通和涉水活动所隐藏的风险真是无处不在。

肯定也有很多需要注意的事项，我还是先向救生员哥哥请教一下再下水比较好！

☆ 注意!!

在海边游泳、戏水，确实也有很多需要注意的安全问题。例如神秘的杀手"离岸流"，近些年来就让很多人失去了生命。

离岸流是在海岸边形成的一股强大的背离岸边的水流，能把人瞬间冲向海里，造成溺水等危险情况。如果在海水中遭遇离岸流，一定不要尝试逆着水流的方向强行游回岸边，因为以人的力量根本无法对抗强大的海流。这时，我们应该向着离岸流的两侧游动，先尽快摆脱离岸流对自己的冲击，然后从旁边的平静水域返回岸边。

手账记录

注意!!

如果因为海水温度较低等原因发生抽筋，一定不要慌乱。首先保持好身体姿态，让口鼻处在水面以上，维持正常呼吸，然后用手拉伸抽筋部位肌肉；一旦抽筋部位恢复正常，要尽快游上岸休息。

注意!!

除此之外，我们还要注意远离海水中的一些危险生物，比如水母、鸡心螺等。很多水母都含有毒素，而且会蜇刺人的皮肤，如果遭遇数量众多的水母蜇刺，甚至能使人死亡；而鸡心螺是一种看上去美丽实则含有剧毒的海洋生物，同学们在海边捡贝壳时一定要多加小心，因为被鸡心螺蜇刺很可能是致命的。

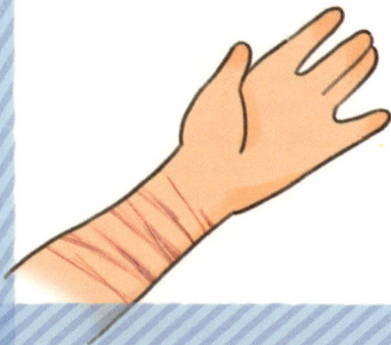

惨痛教训

2003年7月14日，青岛市5名中学生在第一海水浴场游泳时离岸过远，突遇海水涨潮。其中2人侥幸结伴回游自救成功，另2人体力不支、险些溺水，幸好被及时赶到的浴场工作人员救起。另有1人最终不幸溺水身亡，其尸体在12个小时后才被找到！

2013年8月18日，广东省茂名市电白区4名中学生私自划着一艘橡皮艇出海玩耍，中途遭遇恶劣天气，4人乘坐的橡皮艇被大浪打翻，除2人侥幸游回岸边以外，其他2人1人溺亡、1人失踪！

附录
DIY旅行札记

⭐ 我的水上交通安全札记

🟠 在乘坐船只时，我是否遵守了各项安全规章？

_____

_____

_____

_____

_____

_____

🟠 作为水上交通参与者，我应该规避哪些安全风险？

_____

_____

_____

_____

_____

⭐ 我的涉水安全经验札记

🔶 我们应该选择什么样的场所游泳、戏水？

🔶 游泳、戏水时，我们应该选择哪些安全设备？

🔶 一旦出现意外，我们应该如何自救和救人？